村上祥子の電子レンジで
らくらく栄養スープ
SOUP

ブックマン社

CONTENTS

電子レンジで作るスープマニュアル
- おいしい電子レンジスープのためのルール3 …… 4
- 電子レンジのスープ作りに便利な道具7 …… 5
- 活用したい素材や調味料8 …… 6
- 電子レンジで簡単基本だし5種 …… 7
- 電子レンジのお手入れ・加熱時間について …… 12

おいしくて、栄養たっぷり簡単スープレシピ集
- 冷や汁 …… 14
- レタスとトマトのオイスタースープ …… 16
- ほうれん草の豆乳ポタージュ …… 18
- トマトとゴールデン野菜のスープ …… 20
- さやいんげんとにんじんおろしの昆布汁 …… 22
- 小松菜と油揚げのおつゆ …… 24
- ピーマンとなすのマリネスープ …… 26
- タンメンスープ …… 28
- きゅうりと青しそのみそ汁 …… 30
- きのこたっぷり汁 …… 32
- 丸子の宿のとろろ汁 …… 34
- オニオンスープ …… 36
- けんちん汁 …… 38
- ブロッコリーのスープ …… 40
- かぼちゃのポタージュ …… 42
- にんじんとクラッカーのポタージュ …… 44
- ラグースープ …… 46

トマトジュースのガスパチョ……48
にがうりと豆腐のチャンプルースープ……50
れんこんのきんぴら汁……52
ごぼうとこんにゃくのたぬき汁……54
モロヘイヤのとろとろスープ……56
豚バラとキャベツの中国スープ……58
ソーセージとピクルスのドイツ風スープ……60
鶏手羽スープ……62
ボルシチ風スープ……64
にらレバスープ……66
玄米と豚ひき肉の中国スープ……68
ぎょうざともやしのスープ……70
スペアリブと大根のスープ……72
ねぎたっぷりのあさりのみそ汁……74
ツナとコーンのチャウダー……76
さけのじゃっぱ汁……78
玉ねぎとオイルサーディンのシャリシャリスープ……80
かじきのクリームスープ……82
りんごのスープ……84
オレンジのゼリースープ……86
ギリシア風ふわふわチーズスープ……88
納豆とわかめのみそ汁……90
酸辣湯……92
黒ごま小豆汁……94

■ 本書では電子レンジ強は600W、電子レンジ弱は150〜200Wのものを使用しています。
■ 電子レンジ強が500Wの場合は加熱時間を1.2倍にしてください。また、本書12ページも併せてお読みください。
■ 本書のレシピは全て自然塩を使っています。精製塩を使う場合は量を減らしてください。

電子レンジで作るスープマニュアル

おいしくて、栄養もしっかりとれておなかも満足する1品といえばスープ。
食欲のないときでもスープなら食べられるという人も多いはず。
そんなスープを手早く簡単に、しかも1人分がおいしく作れたら…と思いませんか？
そこで強い味方になってくれるのが電子レンジ！
ここでは、電子レンジを使って作るスープの基本をマスターしましょう。

おいしい電子レンジスープのためのルール 3

まず、電子レンジでおいしいスープを作るときに必要な3つのテクニックを紹介。
後半のレシピ集でも使いますから、ここでしっかり覚えてください。

ルール.1

耐熱ガラスのポットに水以外の材料を加熱して、素材のもつうま味と香りを引き出します。
野菜は下に、火の通りにくい肉や魚は上に入れる、を目安にします。

ルール.2

水を注いだら、ふた、または端あけラップをします。
水は加熱すると水蒸気に変わります。ぴったりとかぶせると破裂することも。
ふたがないときは、水蒸気の逃げ道用に指先が少し入るくらいのすき間をあけてラップをします。

ルール.3

1人分150mlの水を使います。電子レンジは水分の蒸発量が少ないのが特徴。
水を注いだら、ルール.2で書きましたがふた、または端あけラップをして、電子レンジで一気に加熱。

電子レンジのスープ作りに便利な道具 7

❶ 取っ手つき耐熱ガラスのポット（ふたつき）

柄があるので出し入れが熱くならず、ふたがあるので開け閉め自由。注ぎ口が水蒸気の逃げ道になり、ふきこぼれの心配なし。ここでは岩城ハウスウエアの「レンジスープぽっと」を使っています。

❷ 取っ手つき耐熱ガラスのメジャーカップ

上の耐熱ガラスのポットが用意できない場合は、耐熱ガラスの柄つきのメジャーカップを。ポットと同じメリットがあります。

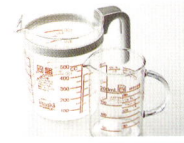

❸ 500ml 耐熱ガラスボウル

レシピ集34ページのとろろ汁のように、別にすりおろした山芋をだしで溶きのばすプロセスなどに便利。

❹ 茶こし

何しろ1人分のスープですから、万能こし器など使っては後始末がたいへん。茶こしが手軽で役立ちます。

❺ 麺棒

やはりレシピ集で大活躍の麺棒。クラッカーを袋に入れて砕いたり、加熱したかぼちゃを袋の外から叩いてマッシュなど、力仕事に重宝します。

❻ 盛りつけ箸

野菜をつまんで入れる。水を注いでかき混ぜる。加熱したあとで野菜や豆腐をつぶしてうま味を引き出すなど、あたりのやさしい木の箸がぴったり。

❼ メジャースプーン 大&小

1人分だとついつい調味料を使いすぎてしまいますが、きっちり計ればまちがいなくおいしくできます。

活用したい素材や調味料 8

①  昆布

人間が一番好きなうま味、グルタミン酸の供給源。3cm角で1人分。その大きさに切って、びんにストックしておくと便利です。

②  削りかつお

昆布のグルタミン酸に、削りかつおのうま味イノシン酸をプラスすると4倍のうま味に変身！加熱して指でもんで粉かつおにするのにも良し。

③  鶏手羽中ハーフ

コラーゲンが溶け出たスープのねっとりしたおいしさは格別。ついでにお肉も食べられます。

④  牛乳

あらかた水だけれど、乳脂肪ともろもろのアミノ酸でスープのおいしさ倍増。カルシウムもとれますし、洋風スープにはかかせません。

⑤  豆乳

ベジタリアンの方が洋風スープを作るときは大豆のお乳、豆乳をどうぞ。女性ホルモンに似た機能をもつイソフラボンの効果で骨粗しょう症を予防します。女性には特におすすめ。

⑥  自然塩

精製塩は99.9％が塩化ナトリウムですが、自然塩は77.7％〜85％。残りはミネラルがいろいろ、マグネシウム、カルシウム、マンガン、亜鉛、カリウムなどが塩の味を濃くします。

⑦  しょうゆ・みそ

大豆で作った日本が誇る発酵調味料。日本、中国、韓国のスープになくてはならない調味料。

⑧  こしょう・一味唐辛子

スープはおいしくできました。さて、そのあとは香辛料におまかせ。和洋のこしょう、唐辛子できまり。

電子レンジで簡単基本だし5種

電子レンジなら1人分のだしとブイヨンがあっという間。冷蔵庫に残っている野菜を具にしたり、味つけも塩、しょうゆ、みそなどアイデア次第で活用できるので、メインのおかずやごはんものに添えたいときに大活躍。

1. 粉かつお

材料 ▶ 1人分（でき上がり 大さじ1）

削りかつお ……… 小1パック（3g）

1人分
11kcal
塩分0.0g

作り方

① 耐熱皿の中央をあけて、削りかつおを広げる。

② ラップはかけずに、電子レンジ600W30秒（500W40秒）加熱。

③ 取り出して指でもんで、粉かつおにする。

※水に粉かつおを加え、具材と一緒に加熱して用いる。冷や汁のように具材を多く使うときは、削りかつおの量を増やす。

でき上がり

バリエーション

ゆで大豆とにんじんのみそ汁

材料 ▶ 1人分

- 粉かつお ……………… 大さじ1
- ゆで大豆 ……………… 50g
- にんじん …… 3cm（30g）（千切り）
- ごま油 ………………… 小さじ1
- 水 ……………………… 150ml
- みそ …………………… 小さじ2

1人分
165kcal
塩分0.9g

作り方

① 耐熱ガラスのポットにゆで大豆とにんじんを入れ、粉かつおとごま油を加えて、箸で混ぜる。

② ふた、または端あけラップをして、電子レンジ600W2分（500W2分30秒）加熱。

③ 取り出して、水を注ぐ。みそを茶こしにのせてポットに沈め、箸で溶く。

④ ふた、または端あけラップをして電子レンジ600W2分（500W2分30秒）加熱。

2. 本格的一番だし

材料 ▶ 1人分(150ml)

水 ……………… 170ml
昆布(3×3cmのもの) …… 1枚
削りかつお …… 小1/2パック
　　　　　　　　　　(1.5g)

1人分
0kcal
塩分0.0g

作り方

① 耐熱ガラスのポットに水を注ぎ、昆布と削りかつおを加える。

② ふた、または端あけラップをして、電子レンジ600W2分（500W2分30秒）加熱。

③ 取り出して、茶こしでこす。

でき上がり

バリエーション 豆腐とわかめのみそ汁

材料 ▶ 1人分

本格的一番だし …… 150ml
みそ …………… 小さじ2
豆腐 …………… 1/4丁(50g)
乾燥カットわかめ
　……… 小1/2パック(2.5g)

1人分
55kcal
塩分1.3g

作り方

① 乾燥カットわかめは、ミニボウルなどに入れ、水を加えて2分間つけて戻す。水を注いでゆすぎ、キュッと絞って水けをきる。

② 豆腐は、1cm角に切る。

③ 耐熱ガラスのポットに、だしと豆腐を入れる。ふた、または端あけラップをして、電子レンジ600W2分（500W2分30秒）加熱。

④ 取り出して、みそを茶こしにのせてポットに沈め、箸で溶く。

⑤ わかめを加え、ふた、または端あけラップをして600W30秒（500W40秒）加熱して、取り出す。

3. 簡単チキンブイヨン

材料 ▶ 1人分(150ml)

水	170ml
鶏ひき肉	30g
しょうが(薄切り)	1枚
長ねぎ	3cm

1人分
11kcal
塩分0.0g

作り方

① 耐熱ガラスのポットに水を注ぎ、鶏ひき肉、しょうが、ねぎを加える。

② ふた、または端あけラップをして、電子レンジ600W2分(500W2分30秒)加熱。

③ 取り出して、茶こしでこす。

でき上がり

バリエーション 中国風かきたま汁

材料 ▶ 1人分

簡単チキンブイヨン	150ml
卵	1個
長ねぎ	5cm(小口切り)
A ┌ 自然塩	小さじ1/5
しょうゆ	2〜3滴
└ 酒	小さじ1
かたくり粉	小さじ1/2
水	小さじ2

1人分
101kcal
塩分1.0g

作り方

① 卵は溶いて、ねぎを加えて混ぜる。

② 耐熱ガラスのポットにブイヨンを注ぎ、Aを加える。

③ ふた、または端あけラップをして、電子レンジ600W2分(500W2分30秒)加熱。

④ 取り出して、水溶きかたくり粉を加え、①を加える。

⑤ ふた、または端あけラップをして、電子レンジ600W30秒(500W40秒)加熱。

4. 簡単野菜ブイヨン

材料 ▶ 1人分 (150ml)

水	170ml
┌ 玉ねぎ	1/6個(30g)
A にんじん	2cm(20g) 薄切り
└ セロリ	3cm(10g)
あれば、パセリの茎	1本
ローリエ	1枚

1人分
0 kcal
塩分 0.0g

作り方

① 耐熱ガラスのポットに水を注ぎ、A、パセリの茎、ローリエを加える。

② ふた、または端あけラップをして、電子レンジ600W 2分（500W 2分30秒）加熱。

③ 取り出して、茶こしでこす。

でき上がり

バリエーション かにのクリームスープ

材料 ▶ 1人分

簡単野菜ブイヨン	150ml
かにの身（缶詰など）	50g（軟骨を抜いてほぐす）
自然塩	小さじ1/5
こしょう	多めに
生クリーム	大さじ2〜3

1人分
168kcal
塩分 1.7g

作り方

① 耐熱ガラスのポットにブイヨンを注ぎ、かにの身を加え、塩、こしょうする。

② ふた、または端あけラップをして、電子レンジ600W 1分（500W 1分10秒）加熱。

③ 沸騰してきたら、時間が余っていても取り出す。

④ 器によそって、生クリームを回しかける。

5. 簡単ゴールデンブイヨン

材料 ▶ 1人分 (150ml)

水 ……………………… 170ml
固形ブイヨン …1/2個（削る）
にんにく …1/2かけ（つぶす）
ローリエ ………………… 1枚
にんじん（薄い輪切り）
　……………………… 4〜5枚

1人分
5kcal
塩分0.9g

作り方

① 耐熱ガラスのポットに水を注ぎ、固形ブイヨン、にんにく、ローリエ、にんじんを加える。

② ふた、または端あけラップをして、電子レンジ600W2分（500W2分30秒）加熱。

③ 取り出して、茶こしでこす。

でき上がり

バリエーション リゾットスープ

材料 ▶ 1人分

簡単ゴールデンブイヨン …150ml
ごはん…茶碗軽く1/2杯（60g）
アスパラガス ……………… 2本
（下3cmはかたいので切り落とす。穂先は3〜4cm残し、残りは幅1cmに切る）
モツァレラチーズ
　………… 50g（1cm角に切る）
こしょう ………………… 少々

1人分
230kcal
塩分1.3g

作り方

① 耐熱ガラスのポットにブイヨンを注ぎ、ごはんを加える。上にアスパラガスをのせる。

② ふた、または端あけラップをして、電子レンジ600W2分30秒（500W3分）加熱。

③ 取り出して、モツァレラチーズを加えて、ねばりが出るまで混ぜる。こしょうをふる。

電子レンジのお手入れ

電子レンジは放っておくと、庫内は汚れ、悪臭のもとになります。

庫内は汚れたら、すぐに掃除を。

庫内の汚れの大部分は、調味料が飛び散ったもの。
電磁波は、調味料の塩分に集中的に集まるクセがあるのです。
放っておくと、加熱時間がかかったり、加熱ムラを起こしたり、
電子レンジの機能低下につながります。
電磁波の集中攻撃で焦げついた調味料を落とすのは大仕事。
汚れたらすぐ、庫内を水拭きし、ターンテーブルは水洗いする習慣を。

においは消臭剤を使えば解消。

汚れを取っても、食品のにおいはなかなか取れにくいもの。
気になるときは、一日の終わりに
無香タイプの消臭剤を入れておきましょう。
次に使うときに取り出せば、イヤなにおいもきれいに取れています。

加熱時間について

電子レンジとオーブンレンジどちらが加熱時間は早い？

オーブンレンジの場合は加熱時間を2分プラスして。

日本全国講演に行きますが、会場でたずねてみると、オーブンレンジ、またはトースターレンジを持っている方が90％強と、圧倒的に多いようです。オーブン（トースター）とレンジの機能が1台分のスペースですむという点が魅力ですが、機能面ではそのために負担がかかることになっています。
単機能の電子レンジでは、スチールの箱の内側を樹脂（プラスチック）でカバー。電磁波を箱の外に出さず、食品の水分にあたりやすいように工夫がされています。オーブンやトースター機能をつけると、庫内が300℃の高温になることもあるので、プラスチックで覆うことはできず、壁面の金属板がむき出し状態。
コンデンサーから発射される電磁波はもともと微弱な電波なので、金属の壁面ではあたっても強烈にはねかえされるばかり。なかなか食品の水分までたどりつきません。はっきり言えば、オーブンレンジやトースターレンジでは、電磁波のききがよくないのです。
電子レンジの本を書くときは、電子レンジだけの単機能電子レンジの加熱時間を書いています。オーブンレンジをお持ちの方は、1人分の料理で、加熱時間をまず1～2分プラスしてお試し下さい。

おいしくて、栄養たっぷり
簡単スープレシピ集

本書のレシピは全て自然塩を使っています。精製塩を使う場合は量を減らしてください。

熱々ごはんに冷た〜い冷や汁。すぐ食べて！

冷や汁

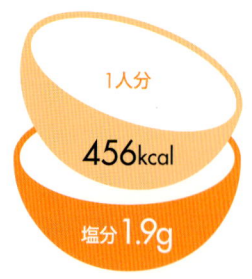

1人分
456kcal
塩分1.9g

材料 ▶ 1人分

削りかつお …………… 小2パック(6g)
きゅうり ……………… 1/2本
なす …… 小1/2本(30g)
青しそ ………………… 2枚
みょうが ……………… 1本
みそ …………………… 大さじ1
すりごま（白）………… 大さじ1
冷水 …………………… 100ml
豆腐 …………… 1/2丁(100g)
陳皮＊　またはレモンの皮
のみじん切り ………… 少々
（＊みかんの皮を乾燥して顆粒状に砕いたもの。オレンジピールの名前の市販品も）
ごはん ………………… 茶碗1杯

作り方

① きゅうりは、薄い輪切り。なすは、半月切りにして、塩（分量外）でもんで絞る。青しそは、千切り。みょうがは千切りにして、水に放してアクを除いておく。

② 耐熱皿の中央をあけて削りかつおを広げ、ラップはかけずに、電子レンジ600W50秒（500W1分）加熱。取り出して、指でもんで粉がつおにする。

③ 別の（温まっていない）ボウルに②を移し、みそとすりごまを加えて混ぜる。冷水を加えて溶きのばす。豆腐は、粗く崩して、①と共に加える。器にごはんをよそって、冷や汁をかけ、陳皮をふる。

このスープのポイント

青しそ、みょうが、陳皮の薬味は胃に停滞している食べ物を上手に消化して、エネルギーにしてくれます。

野菜

あれ？どこに牡蠣(かき)が…。オイスターソースの魅力

レタスとトマトのオイスタースープ

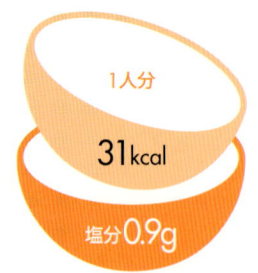

1人分
31kcal
塩分0.9g

材料 ▶ 1人分

水 ……………… 150ml
オイスターソース
 ……………… 小さじ1
レタス ………… 2枚
（一口大にちぎる）
トマト … 小1個（100g）
（6〜8つのくし形切り。へたを除く）
自然塩、こしょう　好みで

作り方

① 耐熱ガラスのポットにレタスとトマトを加える。

② 水、オイスターソースを入れる。

③ ふた、または端あけラップをして、電子レンジ600W3分（500W4分）加熱。
好みで、塩、こしょうをプラスして。

このスープのポイント
トマトのリコペンには老化をおさえる抗酸化作用たっぷり。

野菜

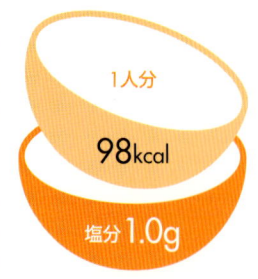

1人分
98kcal
塩分 1.0g

β-カロテンはオリーブオイルで吸収力アップ

ほうれん草の豆乳ポタージュ

材料 ▶ 1人分

ほうれん草 …… 2株(70g)
オリーブオイル … 小さじ1
豆乳 … 1/2カップ(100ml)
自然塩 …… 小さじ1/4
こしょう …… 好みで少々

作り方

① ほうれん草は、洗って3等分する。耐熱ガラスのポットに根元を上にして、縦に詰める。

② ふた、または端あけラップをする。電子レンジ600W1分30秒(500W2分)加熱。

③ ポットに水を注いでアクを取って冷まし、水を捨てる。
かたく絞ってきざみ、ポットに戻す。

④ オリーブオイル、塩を加えて混ぜ、豆乳を注ぐ。

⑤ ふた、または端あけラップをして、電子レンジ600W2分(500W2分30秒)加熱する。好みでこしょうをかけてもよい。

このスープのポイント

ポパイの漫画でおなじみのほうれん草といえば、β-カロテンたっぷりの鉄。同時に葉酸も含んでいるので、骨髄で鉄が血色素に変わります。元気モリモリのもと、疲れやすい方一度おためしを。

野菜

玉ねぎ、にんじん、セロリはスープのゴールデントリオ

トマトとゴールデン野菜のスープ

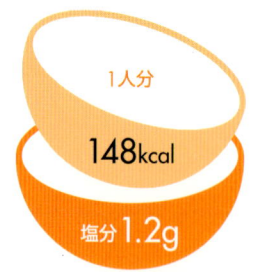
1人分
148kcal
塩分1.2g

材料 ▶ 1人分

トマト	大1個(200g)
	または小2個(へたを取り、幅1cmの輪切り)
A { 玉ねぎ	1/4個(50g)
にんじん	3cm(30g)
セロリ	6cm(20g) } みじん切り
オリーブオイル	小さじ2
自然塩	小さじ2/3
こしょう	少々
ローリエ	1枚
水	100ml
あれば、パセリ(みじん切り)	少々

作り方

1. 耐熱ガラスのポットにAを入れ、オリーブオイル、塩、こしょうをして混ぜる。
ふた、または端あけラップをして、電子レンジ600W4分(500W5分)加熱。

2. 取り出して、全体に混ぜ合わせ、炒め野菜を作る。

3. ❷にトマトとローリエを加え、水を注ぐ。
ふた、または端あけラップをして、電子レンジ600W3分(500W4分)加熱。

4. 器によそって、あればパセリのみじん切りを散らす。

このスープのポイント
トマト、玉ねぎ、にんじん、セロリにオリーブオイルプラスでビタミンA、C、E効果抜群。

野菜

昆布茶で胃腸の働きがスピーディーに

さやいんげんとにんじんおろしの昆布汁

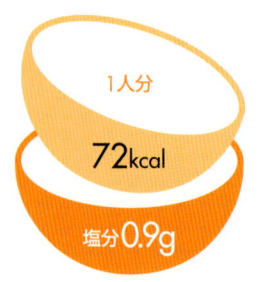

1人分
72kcal
塩分0.9g

材料 ▶ 1人分

A
- さやいんげん（筋なし）
  …5本（50g）（両端を落とし、幅5mmの小口切り）
- にんじん…………50g
  （すりおろす）

ごま油………小さじ1
水……………150ml
昆布茶………小さじ1/2

作り方

① 耐熱ガラスのポットにAを入れ、ごま油を加えて混ぜる。

② ふた、または端あけラップをして、電子レンジ600W3分（500W4分）加熱。

③ 取り出して、昆布茶を加え、水を注ぐ。

④ ふた、または端あけラップをして、電子レンジ600W2分（500W2分30秒）加熱する。

このスープのポイント

昨夜の美食のなごりは、これにて解消。
昆布茶のアルギン酸効果で胃腸は快速消化スタート。

野菜

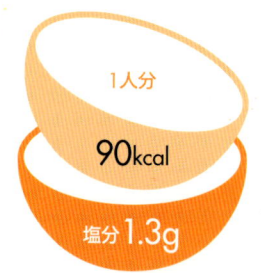

1人分
90kcal
塩分1.3g

いやはや、こんなおつゆなら毎日でも…

小松菜と油揚げのおつゆ

材料 ▶ 1人分

- 小松菜　……… 2株（70g）
  （幅1cmの小口切り）
- 油揚げ　……………… 1枚
  （2つに切って重ねて幅5mmに切る）
- A ┌ 酒　………… 大さじ1
  └ しょうゆ　… 小さじ1½
- 昆布（3×3cmのもの）
  　………………………… 1枚
- 水　………………… 150ml

作り方

1. 耐熱ガラスのポットにAを入れ、小松菜、油揚げの順に加える。

2. ふた、または端あけラップをして、電子レンジ600W3分（500W4分）加熱。

3. 取り出して昆布を加え、水を注ぐ。

4. ふた、または端あけラップをして、電子レンジ600W2分（500W2分30秒）加熱する。

このスープの ポイント

このおつゆでビタミンCをたっぷり吸収。さあ、今日も元気に。2度加熱することで、青菜の葉酸エキスを引き出します。

野菜

オリーブオイルを加えて無水でチン

ピーマンとなすのマリネスープ

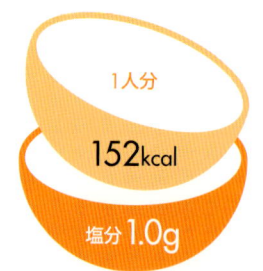

1人分
152kcal
塩分 1.0g

材料 ▶ 1人分

なす	1本(70g)
	(幅7mmの輪切り)
赤ピーマン	1個
	(2等分してタネを除く。重ねて幅5mmに切る)
オリーブオイル	大さじ1
酒	大さじ1
自然塩	小さじ1/4
こしょう	少々
冷水	100ml
氷	2〜3個
バジルの葉	2〜3枚

作り方

① 耐熱ガラスのポットになすと赤ピーマンを加え、オリーブオイルをかける。

② ふた、または端あけラップをして、電子レンジ600W3分（500W4分）加熱。

③ 取り出して、酒、塩、こしょうして、なすがつぶれるくらいにかき混ぜ、器に移す。

④ 氷を加えて混ぜ、冷水を注ぐ。
バジルの葉をちぎって加える。

このスープのポイント

なすと赤ピーマンの冷たいスープ。電子レンジでチンして、グルタミン酸のうま味を引き出し、おいしさ抜群。

野菜

1人分

201kcal

塩分1.3g

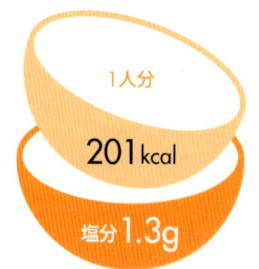

ごはんにのせても、即席麺にかけてもgood

タンメンスープ

材料 ▸ 1人分

豚ひき肉……50g
サラダ油……小さじ2
A
- キャベツ……2枚（3〜4cm角切り。芯ははずして薄切り）
- にんじん……2cm（20g）（縦2等分し、斜め切り）
- 生しいたけ……2枚（石づきを取って薄切り）
- もやし……70g

水……150ml
自然塩……小さじ1/3
こしょう……少々
万能ねぎ……4本（4cm長さに切る）

作り方

1. 耐熱ガラスのポットにAを入れて、豚ひき肉をのせ、サラダ油を回しかける。

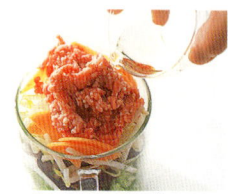

2. ふた、または端あけラップをして、電子レンジ600W3分（500W4分）加熱。

3. 取り出して、水を注ぎ、塩、こしょうと万能ねぎを加える。ふた、または端あけラップをして、電子レンジ600W2分（500W2分30秒）加熱する。

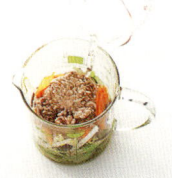

このスープのポイント

体中に乳酸がたまって、体の節々が痛むとき、ビタミン類たっぷりのタンメンスープをとれば解消。

野菜

加熱した青しそオイルのいい香り

きゅうりと青しそのみそ汁

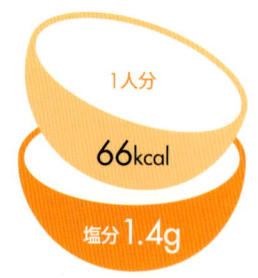

1人分
66kcal
塩分1.4g

材料 ▶ 1人分

きゅうり	1/2本
	（幅2mmの輪切り）
青しそ	6枚
サラダ油	小さじ1
みそ	小さじ1½
和風だしの素	小さじ1/4
水	150ml

作り方

1. 耐熱ガラスのポットにきゅうりを入れる。青しそを6枚重ねて、2つに指でちぎって重ねる。端から1cm角サイズにちぎりながらポットに加え、サラダ油を回しかける。

2. ふた、または端あけラップをして、電子レンジ600W2分（500W2分30秒）加熱。

3. 取り出して、水、和風だしを加える。みそを茶こしにのせ、ポットに沈め、箸で溶く。

4. ふた、または端あけラップをして、電子レンジ600W2分（500W2分30秒）加熱する。

このスープのポイント
きゅうりのビタミンCをたっぷりとることで、サラダ油のビタミンEが効果的に細胞膜の老化を予防。

野菜

きのこは加熱すると、うまみととろみがたっぷり

きのこ
たっぷり汁

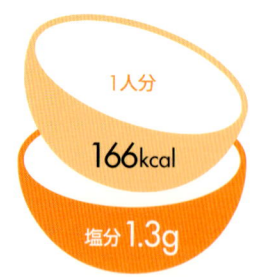

1人分
166kcal
塩分 1.3g

材料 ▶ 1人分

しめじ……1/2パック
生しいたけ……5枚（計200g）
エリンギ……大1本
オリーブオイル……大さじ1
にんにく……1かけ
　　　　　（みじん切り）
しょうが（薄切り）……2枚
　　　　　（みじん切り）
水……150ml
しょうゆ……小さじ1½

作り方

1. しめじは、石づきをはずしてほぐす。生しいたけも、石づきをはずし、薄切りにする。エリンギも、長さを2～3等分して、生しいたけサイズに切っておく。

2. 耐熱ガラスのポットににんにく、しょうがを入れ、オリーブオイルを回しかける。

3. ふた、または端あけラップをして、電子レンジ600W3分（500W4分）加熱。

4. 取り出して、❶を加え、水を注ぎ、しょうゆを加える。

5. ふた、または端あけラップをして、電子レンジ600W2分（500W2分30秒）加熱。

このスープの ポイント

きのこに含まれるβ-グルカンが、からだの免疫力を高め、ガン細胞の発生や増殖をおさえます。

野菜

飲みすぎた翌日にぴったり

丸子の宿の とろろ汁
（まりこ）

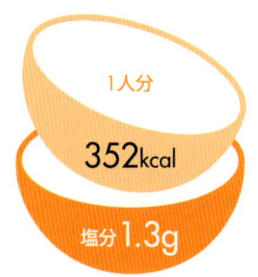

1人分
352kcal
塩分 1.3g

材料 ▶ 1人分

長芋	100g
水	120ml
削りかつお	小1パック（3g）
みそ	小さじ2
もみのり	適量
胚芽米ごはん	茶碗1杯

作り方

1. 耐熱ガラスのポットに削りかつおとみそを入れ、水を加えながら溶かす。

2. ふた、または端あけラップをして、電子レンジ600W1分30秒（500W2分）加熱。取り出して、茶こしでこす。

3. 長芋の皮をむいてすりおろす。

4. ❷を少しずつ加えて溶きのばす。

5. 器にごはんをよそって、❹をかけ、もみのりを添える。

このスープの ポイント

飲みすぎた日の翌日は、ホルムアルデヒドの分解に長芋のムコ多糖類のムチンが役立ちます。生で食べてこそ効果的なのです。

野菜

1人分 257kcal 塩分1.5g

えッ！レンジだけであめ色の玉ねぎが…？
オニオンスープ

材料 ▶ 1人分

玉ねぎ……………1個(200g)
バター………………大さじ1
水……………………150ml
自然塩……………小さじ1/4
こしょう………………少々
グリュイエールチーズ（おろしたもの・またはピザチーズ）
……5本の指でひとつまみ(20g)
バゲット(2cm厚さのもの)
…………………………1枚

作り方

① 玉ねぎは皮をむき、滑り止めに水で濡らしたペーパータオルを敷き、スライサーで薄切りにする。耐熱ガラスのポットに入れて、ふた、または端あけラップをして、電子レンジ600W4分（500W 5分）加熱する。

② ふた、または端あけラップを取って、電子レンジ600W4分（500W5分）加熱して、箸でかき混ぜ水分をとばす。

③ バターを加えて、さらに600W2分（500W2分30秒）加熱し、取り出して混ぜることを3回くりかえすと、あめ色の玉ねぎになる。

④ 水を注ぎ、塩、こしょうをふる。ふた、または端あけラップをして、電子レンジ600W2分（500W2分30秒)加熱。

⑤ 器にバゲットをおき、チーズをのせ、④を注ぐ。

このスープのポイント
玉ねぎの辛味やニオイのもとは温泉の薬効成分と同じイオウの化合物。これが血液サラサラ効果のもとなのです。

野菜

1人分 258kcal　塩分 1.8g

究極のおふくろの味

けんちん汁

材料 ▶ 1人分

豚こま肉	50g
豆腐	1/4パック(50g)
にんじん	3cm(30g)
生しいたけ	2枚
ごぼう	10cm
ごま油	小さじ2
水	150ml
A しょうゆ	小さじ2
酒	小さじ2
長ねぎ(青いところ)	5cm(小口切り)

作り方

1. にんじんは、粗いささがきにする。ごぼうは、ピーラーで薄切り。水の中でもみ洗いして、かたく絞る。4～5cm長さに切る。生しいたけは、石づきを取って薄切り。

2. 耐熱ガラスのポットに野菜と豆腐を入れて、豚肉を入れ、ごま油を回しかける。

3. ふた、または端あけラップをして、電子レンジ600W4分(500W5分)加熱する。

4. 取り出して、野菜も豚肉も豆腐も一緒に箸でつき崩しながら混ぜる。

5. 水を注ぎ、Aを加える。ふた、または端あけラップをして、電子レンジ600W2分(500W2分30秒)加熱する。取り出して、ねぎを散らす。

このスープの ポイント

日本人に生活習慣病が増えたのは日本型食生活から離れてしまったことも一因に。元に戻す、始めの一歩がこのおつゆ。

野菜

1人分 48kcal 塩分1.7g

一日に必要なβ-カロテンの50％を摂取

ブロッコリーのスープ

材料 ▶ 1人分

ブロッコリー……3房（70g）
（小房に分け、それぞれを十文字に4等分）
ボンレスハム（薄切り）……2枚
（2等分して重ねて細切り）
水………………150ml
自然塩…………小さじ1/4
こしょう………少々

作り方

1. 耐熱ガラスのポットにブロッコリーを入れ、ふた、または端あけラップをして、電子レンジ600W2分（500W2分30秒）加熱。

2. 取り出して水を注ぎ、ハムと塩、こしょうを加える。

3. ふた、または端あけラップをして、電子レンジ600W2分（500W2分30秒）加熱する。

このスープのポイント

ブロッコリーのβ-カロテン（ビタミンA）が目・鼻・のど・肺などの粘膜組織を守る、リゾチウムという酵素の分泌力を高めて、外敵の侵入を防ぎます。

野菜

裏ごしをしなくてもなめらかなポタージュ

かぼちゃのポタージュ

1人分
193kcal
塩分 1.2g

材料 ▶ 1人分

かぼちゃ
（タネ、ワタを除いて）
　………… 1/10個(100g)
自然塩 ……… 小さじ1/4
こしょう ……………… 少々
牛乳 …………………… 100ml

作り方

1. かぼちゃは、水で濡らしてポリ袋に入れる。ターンテーブルの端に、かたい皮の方を外にむけておく。電子レンジ600W2分（500W2分30秒）加熱。袋の外から竹串を刺して、スーっと通れば火が通っている証拠。

2. 取り出して、袋の外から麺棒やびんで叩いてつぶしてマッシュする。

3. 耐熱ガラスのポットに移し、半量の牛乳50mlと塩、こしょうを加えて混ぜる。

4. ふた、または端あけラップをして、電子レンジ600W2分（500W2分30秒）加熱。

5. 取り出して混ぜて、残りの牛乳50mlを加える。さらにふた、または端あけラップをして、600W1分（500W1分20秒）加熱する。

このスープのポイント

のどが痛い、声がかすれるというときにこの一碗を。ビタミンC、β-カロテン（ビタミンA）、ビタミンEが免疫力を強化し、痛みがやわらぎます。

野菜

1人分
126kcal
塩分 1.4g

老化予防はまず、食べることから
にんじんとクラッカーのポタージュ

材料 ▶ 1人分

にんじん	70g
	（すりおろす）
クラッカー	4枚
牛乳	100ml
バター	小さじ1
自然塩	小さじ1/4
こしょう	少々

作り方

① ポリ袋にクラッカーを入れて、麺棒やびんで上から叩いて砕く。

② 耐熱ガラスのポットににんじんと❶のクラッカーを入れ、半量の牛乳50mlを加える。

③ ふた、または端あけラップをして、電子レンジ600W3分（500W4分）加熱。

④ 取り出して混ぜ、残りの牛乳50mlを注ぎ、バターを加え、塩、こしょうする。ふた、または端あけラップをして、電子レンジ600W1分（500W1分10秒）加熱する。

このスープのポイント

ひじきのいり煮に炊きこみご飯、豚汁にサラダ…と何にでも登場のにんじんですが、この単品づかいのスープでもビタミンA1日分の70％はカバー。

野菜

イタリア版おふくろの味。生活習慣病のカードに

ラグースープ

1人分 163kcal
塩分 1.0g

材料 ▶ 1人分

トマト	小1個(100g)
なす	1/2本(30g)
赤ピーマン	1/2個(20g)
玉ねぎ	1/4個(50g)
ローリエ	1枚
オリーブオイル	大さじ1
水	150ml
自然塩	小さじ1/4
こしょう	少々
パセリ(みじん切り)	たっぷり

作り方

① トマトは、へたを取って1〜1.5cmの角切り。なすは、皮をしま状にむき、幅8mmの半月切り。赤ピーマンは、タネを除いて乱切り。玉ねぎも乱切りにし、ほぐす。

② 耐熱ガラスのポットに①を入れて、ローリエを加え、オリーブオイルを回しかける。

③ ふた、または端あけラップをして、電子レンジ600W3分(500W4分)加熱。

④ 取り出して、水を注ぎ、塩、こしょうする。ふた、または端あけラップをして、電子レンジ600W2分(500W2分30秒)加熱。

⑤ 器に盛り、パセリのみじん切りをふる。

このスープのポイント

野菜は加熱すれば量が多く食べられるのはもちろんですが、それ以上に野菜の栄養素の吸収率もはるかにアップ。ラグースープはホットサラダといえますね。

野菜

癒し系のまなざしはリコペン効果で

トマトジュースのガスパチョ

1人分 167kcal
塩分2.1g

材料 ▶ 1人分

トマトジュース（冷やしておく）……1缶（190g）
A ┌ 玉ねぎ　1/10個（大さじ2）おろす
　├ きゅうり　……1本
　└ セロリ　……5cm
自然塩　………小さじ1/4
エキストラヴァージン
　オリーブオイル　大さじ1
こしょう　………少々

作り方

1. 耐熱ガラスのポットにAを入れ、オリーブオイルを加えて混ぜる。ふた、または端あけラップをして、電子レンジ600W1分（500W1分10秒）加熱して、野菜のもつビタミンエキスをしみ出させる。

2. 冷やしておいた皿に移し、トマトジュースを注ぐ。

3. 塩、こしょうを加えて混ぜる。

このスープのポイント

料理に時間をかけられないと悩んでいませんか。水を一滴も加えていないトマトジュースの活用でたちまちにしてスペイン名物のスープが完成。リコペンは、目の粘膜をうるおす効果大なのです。

野菜

1人分
121kcal
塩分2.1g

便秘がちな方に
にがうりと豆腐のチャンプルースープ

材料 ▶ 1人分

かにかま	2本(20g)
（幅1.5cmに切ってほぐす）	
にがうり	小1/2本(50g)
豆腐	1/4丁(50g)
ごま油	小さじ1
水	150ml
しょうゆ	小さじ2
酒	小さじ2
こしょう	少々

作り方

1. にがうりは、縦に2等分し、中のタネをスプーンでかき出して薄切りにする。耐熱ガラスのポットに入れて、水1/2カップ（分量外）を注ぐ。ふた、または端あけラップをして、電子レンジ600W2分（500W2分30秒）加熱。ふたを押さえて湯を捨てる。

2. ❶のポットに豆腐を加えてフォークでつぶし、ごま油とかにかまを加える。

3. ふた、または端あけラップをして、電子レンジ600W4分（500W5分）加熱。

4. 取り出して水を注ぎ、しょうゆ、酒を加える。

5. ふた、または端あけラップをして、電子レンジ600W2分（500W2分30秒）加熱する。こしょうをふる。

このスープのポイント

便秘といってもあなどれないのです。排泄されるはずの発ガン物質などがいつまでもお腹の中にいることになります。にがうり、豆腐の食物繊維の力を借りてお腹すっきり。

野菜

1人分
93kcal
塩分 1.4g

足がむくみがちな方、長時間立ち仕事の方に

れんこんのきんぴら汁

材料 ▶ 1人分

れんこん …… 5cm(50g)
A ┌ しょうゆ …… 小さじ1½
　├ 酒 …………… 大さじ1
　├ ごま油 ……… 小さじ1
　└ 赤唐辛子 …… 1本
　　（2つにちぎってタネを出す）
昆布(3×3cmのもの) …………… 1枚
水 …………………… 150ml
いりごま(白) … 小さじ1/2

作り方

1. れんこんは、皮をむいて縦十文字に4等分し、小口より薄切り。

2. 耐熱ガラスのポットにれんこんを入れて、Aを加えて混ぜる。

3. ふた、または端あけラップをして、電子レンジ600W2分（500W2分30秒）加熱。

4. 取り出して水を注ぎ、昆布を加える。ふた、または端あけラップをして、電子レンジ600W2分（500W2分30秒）加熱。取り出して、いりごまをふる。

このスープのポイント

古くから言い伝えられているれんこんの利尿効果で、体内の循環を良くします。れんこん特有のエグ味やシブ味、ポリフェノールがその働きをしているのです。

野菜

にきびや吹き出物の改善に。美容効果大

ごぼうとこんにゃくのたぬき汁

1人分
90kcal
塩分 1.3g

材料 ▶ 1人分

ごぼう	12cm(40g)
こんにゃく(黒)	1/4枚(50g)
赤唐辛子	1/2本
水	150ml
昆布(3×3cmのもの)	1枚
みそ	小さじ2
ごま油	小さじ1

作り方

1. ごぼうは、皮をこそげて長めのささがきにし、水の中でもみ洗いして、水けをきる。こんにゃくは、スプーンで一口大に切る。赤唐辛子は、タネを取って、斜め切りにする。

2. 耐熱ガラスのポットにペーパータオルを敷いて、ごぼうとこんにゃくを入れる。ふた、または端あけラップをして、電子レンジ600W2分（500W2分30秒）加熱する。

3. 取り出してペーパータオルを除くと、アクも一緒に取れる。

4. ポットに水を注ぎ、赤唐辛子、昆布とみそ、ごま油を加える。ふた、または端あけラップをして、電子レンジ600W2分（500W2分30秒）加熱。

5. 取り出して混ぜ合わせる。

このスープの ポイント

人間の持ついかなる消化酵素でも消化できないのでカロリー0。だから役立たないものとされてきた食物繊維。ところがその食物繊維を豊富に含むごぼうとこんにゃくのおかげで便秘を防ぎ、お肌のトラブルも解消。

野菜

1人分
151kcal
塩分0.7g

血圧が高くて心臓どきどきの方

モロヘイヤのとろとろスープ

材料 ▶ 1人分

ちりめんじゃこ	大さじ1
ごま油	小さじ1
モロヘイヤ	6茎(50g)
(茎をはずして細かくきざむ)	
長芋	4cm(70g)
	(すりおろす)
豆腐	1/4丁(50g)
冷水	100ml
しょうゆ	小さじ1/2
こしょう	少々

作り方

1. 耐熱ガラスのポットにちりめんじゃこ、モロヘイヤの順に入れて、ごま油を回しかける。

2. ふた、または端あけラップをして、電子レンジ600W2分(500W2分30秒)加熱。

3. 豆腐を加えて、箸でかき混ぜてつぶす。

4. 冷水としょうゆを加え、混ぜる。

5. 長芋のすりおろしを加え、こしょうをふる。食べるときによく混ぜる。

このスープの ポイント

モロヘイヤも長芋もムチンたっぷり。このヌルヌル成分が血圧を下げ、血糖値を引き下げます。ネバネバ、ヌルヌルで元気に!

野菜

1人分 266kcal　塩分1.3g

お肌のカサカサがうれしい回復

豚バラとキャベツの中国スープ

材料 ▶ 1人分

- キャベツ …… 4枚(150g)
  (1.5×5cmの短冊切り)
- 豚バラ肉(薄切り) …… 50g
  (3cm長さに切る)
- ごま油 …… 小さじ1
- 水 …… 150ml
- 自然塩 …… 小さじ1/3
- 黒こしょう …… 少々

作り方

1. 耐熱ガラスのポットにキャベツの1/2を入れ、豚肉を広げてのせる。残りのキャベツを重ね、ごま油を回しかける。

2. ふた、または端あけラップをして、電子レンジ600W4分(500W5分)加熱。

3. 取り出して水を注ぎ、塩と黒こしょうを加える。

4. ふた、または端あけラップをして、電子レンジ600W2分(500W2分30秒)加熱。

このスープのポイント

胃腸薬の素にもなったキャベツの成分、ビタミンUやK。かいようだけでなく胃腸をすこやかな状態に保ちます。しっかり食べてしっとりお肌に。

肉

1人分
275kcal
塩分2.2g

ルーを使わず、すりおろしたじゃがいものとろみ効果で

ソーセージとピクルスのドイツ風スープ

材料 ▶ 1人分

- フランクフルトソーセージ …… 1本(幅3mmの輪切り)
- キャベツ …… 1枚(千切り)
- にんにく …… 1かけ(みじん切り)
- 玉ねぎ …… 1/4個(50g)(薄切り)
- にんじん …… 3cm(30g)(千切り)
- ピクルス …… 小1本(幅5mmの輪切り)
- じゃがいも(すりおろし) …… 大さじ2
- 牛乳 …… 100ml
- 自然塩 …… 小さじ1/4
- こしょう …… 少々
- パセリ(みじん切り) …… 少々

作り方

1. 耐熱ガラスのポットにソーセージとキャベツ、にんにく、玉ねぎ、にんじん、ピクルスを入れる。
2. ふた、または端あけラップをして、電子レンジ600W3分(500W4分)加熱。
3. 取り出して、じゃがいものすりおろしを加え、牛乳を注ぐ。塩、こしょうをして混ぜる。
4. ふた、または端あけラップをして、電子レンジ600W2分30秒(500W3分)加熱。
5. 取り出してよく混ぜ、パセリをふり、器へ盛る。好みで、こしょうをふる。

このスープの ポイント

キャベツ、パセリで一食に必要なビタミンをすべてカバーして、がん予防の強い味方。

肉

1人分
289kcal
塩分 1.5g

コラーゲン補給で筋肉やアキレス腱が丈夫に

鶏手羽スープ

材料 ▶ 1人分

- 鶏手羽中ハーフ …………… 8個(200g)
- にんにく ……………… 1かけ(みじん切り)
- しょうが(薄切り) …………… 2枚
- まいたけ …………… 1パック(100g)
  （石づきを落としてほぐす）
- 水 …………………………… 150ml
- A
  - しょうゆ …………… 小さじ1½
  - 酒 ………………… 大さじ1
  - こしょう …………… 少々
- いりごま(白) …………… 少々
- 万能ねぎ …………… 1/2本
  （小口切り）

作り方

1. 耐熱ガラスのポットにまいたけを入れ、上に鶏手羽中ハーフをのせ、にんにくとしょうがを散らす。

2. ふた、または端あけラップをして、電子レンジ600W5分（500W6分）加熱。

3. 取り出して水を注ぎ、Aを加える。

4. ふた、または端あけラップをして、電子レンジ600W2分（500W2分30秒）加熱。

5. 取り出して、いりごまと万能ねぎを散らす。

このスープのポイント

一番手っ取り早く消化吸収できるコラーゲンは鶏手羽を煮込んで食べるにかぎります。

肉

1人分
190kcal
塩分2.1g

体の芯からあたたまる
ボルシチ風スープ

材料 ▶ 1人分

牛もも肉（薄切り）
　……50g（5cm長さに切る）
ローリエ …………… 1枚
玉ねぎ …… 1/4個（50g）
　　　　　　　　（薄切り）
にんじん
　………… 2cm（半月切り）
じゃがいも
　…………… 1/3個（50g）
　　　　　　　　（乱切り）
ビーツ（スライス）
　… 1カップ（缶汁とともに）
トマト …… 小1個（100g）
　（へたを取って4つに切る）
水 ………………… 50ml
自然塩 ……… 小さじ1/4
こしょう …………… 少々
しょうゆ ……… 小さじ1

作り方

① 耐熱ガラスのポットに玉ねぎ、にんじん、じゃがいもを入れ、上に牛肉をのせる。
その上にトマトをのせ、ビーツを汁ごと加え、ローリエをのせる。

② ふた、または端あけラップをして、電子レンジ600W6分（500W7分30秒）加熱。

③ 取り出して水を注ぎ、塩、こしょうをする。

④ ふた、または端あけラップをして、電子レンジ600W1分（500W1分10秒）加熱する。沸とうしてきたら、電子レンジ弱に切り替えて、5分加熱する。

⑤ 取り出して、しょうゆを加えて混ぜ、器に盛る。

このスープのポイント

体を芯からあたためるにはアミノ酸豊富な肉類とブドウ糖の供給源、じゃがいもや玉ねぎを食べること。その吸収を助けるビタミンC野菜も一緒にこの一皿で。

肉

1人分
134kcal
塩分 1.5g

いつまでも若々しく生活したいあなたに
にらレバスープ

材料 ▶ 1人分

レバーペースト
（離乳食の味付け市販品）
　　　　　　小1びん(80g)
にら　　　　1/3束(30g)
　　　　　（2cm長さに切る）
水　　　　　　　　150ml
酒　　　　　　　　大さじ1

作り方

① 耐熱ガラスのポットにレバーペーストを入れて、酒をかける。

② ふた、または端あけラップをして、電子レンジ600W2分（500W2分30秒）加熱。

③ 取り出して、レバーペーストをほぐし、水を注ぎ、にらを加える。

④ ふた、または端あけラップをして、電子レンジ600W2分（500W2分30秒）加熱。

このスープのポイント

レバーとにらのヘム鉄とビタミンB群が生きの良い血色素（ヘモグロビン）の原材料。血色素が元気なら酸素を体のすみずみまで運び、細胞一個一個の血のめぐりを良くします。

肉

糖尿病予備軍の方に元祖日本の食材を

玄米と豚ひき肉の中国スープ

1人分
196kcal
塩分2.0g

材料 ▶ 1人分

- 豚ひき肉 50g
- A
  - バジルの葉 10枚
    （みじん切り）
  - パセリ 1本
    （みじん切り）
  - にんにく 1かけ
    （包丁で叩いてつぶす）
  - こしょう .... 少々
- 発芽玄米 1/4カップ
- 水 200ml
- 自然塩 小さじ1/2
- こしょう .... 少々

作り方

1. 耐熱ガラスのポットに発芽玄米をほぐして加え、水を注ぐ。 
2. 豚ひき肉とAを加えて混ぜる。
3. ふた、または端あけラップをして、電子レンジ600W4分（500W5分）加熱。
4. 沸とうしたら、電子レンジ弱に切り替えて、10分加熱する。 
5. 取り出して、塩、こしょうをして混ぜる。

このスープのポイント

玄米には自身のデンプンを分解するビタミンB_1、B_2がたっぷり。炊きやすく改良された発芽玄米に豚ひき肉とハーブで基礎代謝力をつけるダイエットスープの提案。

肉

1人分 193kcal
塩分 1.8g

ちょっと憂うつな時はイソフラボンとビタミンK効果で
ぎょうざともやしのスープ

材料 ▶ 1人分

焼きぎょうざ（市販）
　　　　　　……2個（70g）
小大豆もやし ……100g
　（4〜5cm長さに切る）
赤ピーマン ……1個
　（タネを取って乱切り）
水 ……150ml
自然塩 ……小さじ1/4
こしょう ……少々
もみのり
いりごま（白）
にんにく（おろしたもの）
　　　　　　……各少量

作り方

1. 耐熱ガラスのポットにもやしと赤ピーマンを入れる。
2. ふた、または端あけラップをして、電子レンジ600W2分（500W2分30秒）加熱。
3. 取り出して、水を注ぎ、塩、こしょうをする。焼きぎょうざを加える。
4. ふた、または端あけラップをして、電子レンジ600W3分（500W4分）加熱。
5. 器によそって、もみのり、いりごま、にんにくを加える。

このスープのポイント
ちょっと憂うつという時は活力低下のきざし。小大豆もやしのイソフラボンとビタミンKで血液のめぐりを改善。

肉

1人分 300kcal
塩分 1.2g

おろして良し、加熱して良しの偉大な野菜、大根を使って

スペアリブと大根のスープ

材料 ▶ 1人分

スペアリブ	2本(100g)
大根	1cm(50g) 〉乱切りめ
にんじん	4cm(50g)
水	150ml
昆布(3×3cmのもの)	1枚
長ねぎ	5cm(斜め切り)
酒	大さじ1
自然塩	小さじ1/4
こしょう	少々

作り方

1. スペアリブは長かったら、お店に頼んで3〜4cm長さに切ってもらう。

2. 耐熱ガラスのポットにスペアリブを入れて、上ににんじんと大根をのせる。

3. ふた、または端あけラップをして、電子レンジ600W5分（500W6分）加熱。

4. 取り出して水を注ぎ、長ねぎと昆布、酒を加える。塩、こしょうをする。

5. ふた、または端あけラップをして、電子レンジ600W2分（500W2分30秒）加熱する。

このスープの ポイント

大根は生食の消化酵素が注目されていますが、加熱することでリグニンやペクチンが頭角を現わし、一緒に調理する豚肉のたんぱく質や善玉コレステロールの吸収を助ける働きがアップ。

肉

1人分
59kcal
塩分2.2g

朝ごはんにこれ一杯飲んでいけば

ねぎたっぷりの あさりのみそ汁

材料 ▶ 1人分

- あさり貝 ………… 100g
- 酒 ………… 大さじ1
- 水 ………… 150ml
- みそ ………… 小さじ2
- 万能ねぎ … 1本(小口切り)

作り方

1. 耐熱ガラスのポットに砂抜きしたあさり貝を入れ、酒を注ぐ。
2. ふた、または端あけラップをして、電子レンジ600W2分（500W2分30秒）加熱。
3. あさりが口をあけたら、取り出して水を注ぎ、みそを溶く。
4. ふた、または端あけラップをして、電子レンジ600W2分（500W2分30秒）加熱。
5. 取り出して、器によそって、万能ねぎを加える。

このスープの ポイント

あさり貝のイノシン酸、コハク酸などの有機酸は、体温を上げて朝の眠気を吹き飛ばします。
ねぎのビタミンB₁効果であさり貝のグリコーゲンも脳エネルギーにチェンジしやすくなって、一石二鳥。

魚介

1人分
207kcal
塩分 2.0g

受験生や知的作業に従事する方へDHAをたっぷり
ツナとコーンのチャウダー

材料 ▶ 1人分

ツナ	50g
クリームコーン（缶）	70g
かたくり粉	小さじ1
自然塩	小さじ1/4
牛乳	150ml
パセリ（みじん切り）	少々
こしょう	少々

作り方

① 耐熱ガラスのポットにツナ、クリームコーンとかたくり粉、塩を入れて、箸で混ぜる。

② 牛乳を加えて混ぜる。ふた、または端あけラップをして、電子レンジ600W3分（500W4分）加熱。

③ 取り出して混ぜ、器によそる。パセリのみじん切りを散らし、こしょうをふる。

このスープのポイント
ツナに含まれる不飽和脂肪酸DHA（ドコサヘキサエン酸）は成長期の子どもの脳の発達において記憶力や集中力の向上に効果を発揮。

魚介

1人分
189kcal
塩分 1.9g

骨軟化症なんてこわくない
さけのじゃっぱ汁

材料 ▶ 1人分

さけ（甘塩）
　　………… 1/2切れ（50g）
　　　　　　　（2つに切る）
大根 ……… 幅1cm ┐切りいちょう
にんじん … 幅2cm ┘
白菜 ……………… 1/2枚
（葉は4cm角、茎はそぎ切り）
春菊 2本（4cm長さに切る）
酒 ………………… 大さじ1
水 ………………… 150ml
みそ ……………… 小さじ2
昆布（3×3cmのもの）
　………………………… 1枚
ピザチーズ
　…… 3本の指でひとつまみ
　　　　　　　　　（10g）

作り方

① 耐熱ガラスのポットに大根、にんじん、白菜を入れ、さけをのせて、酒をふりかける。

② ふた、または端あけラップをして、電子レンジ600W5分（500W6分）加熱。

③ 取り出して昆布を加え、水を注いで、みそを溶く。

④ ふた、または端あけラップをして、電子レンジ600W2分（500W2分30秒）加熱。

⑤ 取り出して春菊を加え、チーズをのせる。ふた、または端あけラップをして、1分ほどおき、熱を通す。

このスープのポイント

さけはビタミンD食品の王様。チーズの豊富なたんぱく質とカルシウムがさけのビタミンDの仲介で骨細胞に完璧に変わります。

魚介

1人分
289kcal
塩分1.6g

玉ねぎといわしで血液はサラサラ

玉ねぎとオイルサーディンのシャリシャリスープ

材料 ▶ 1人分

- 玉ねぎ ……… 1/2個(100g)（薄切り）
- オイルサーディン ……… 小1缶(70g)
- 水 ……… 150ml
- 自然塩 ……… 小さじ1/4
- こしょう ……… 少々
- パセリ（みじん切り） ……… たっぷり

作り方

1. 耐熱ガラスのポットに玉ねぎを入れ、オイルサーディンをのせ、缶の油を回しかける。
2. ふた、または端あけラップをして、電子レンジ600W1分（500W1分10秒）加熱。
3. 取り出して、水を注ぎ、塩、こしょうする。
4. ふた、または端あけラップをして、電子レンジ600W2分（500W2分30秒）加熱する。
5. 取り出して、パセリを加える。

このスープのポイント

いわしを手早く食べやすくしたオイルサーディンの不飽和脂肪酸に、血小板の凝集をおさえる働きの玉ねぎをプラス。血液サラサラにダブル効果。

魚介

1人分
192kcal
塩分1.3g

冷え症の改善に良質のビタミンEを
かじきの
クリームスープ

材料 ▶ 1人分

かじき	……	1/2切れ（50g） （2つに切る）
玉ねぎ	……	1/4個（50g） （みじん切り）

A
- 牛乳 ……… 150ml
- 自然塩 …… 小さじ1/4
- 砂糖 ……… 小さじ1
- かたくり粉 … 小さじ1

パセリ（みじん切り）… 少々

作り方

1. 耐熱ガラスのポットにAを入れて混ぜる。

2. ふきこぼれないように、ふたも端あけラップもしないで、電子レンジ600W1分（500W1分10秒）加熱。

3. 取り出して、なめらかになるまで混ぜ、玉ねぎとかじきを加える。

4. ふたも端あけラップもしないで、電子レンジ600W3分（500W4分）加熱。

5. 取り出して器に盛り、パセリをふる。

このスープのポイント

肩こり、頭痛、痔、しもやけ、冷え症は、すべて血行障害からくる症状。
かじきでビタミンEを十分にとることで、過酸化脂質が分解されて、血液の流れを良くします。

魚介

1人分 298kcal 塩分0.1g

ゾクッときたら、ひく前に

りんごのスープ

材料 ▶ 1人分

りんご	1個
砂糖	大さじ2
レモン汁	大さじ1
かたくり粉	小さじ1
牛乳	150ml
ブランデー	小さじ1

作り方

1. りんごの皮が美しければ、よく洗って4つ割りにし、タネと芯を除く。でなければ、皮をむき、同様にする。

2. すりおろして、耐熱ガラスのポットに入れ、砂糖とレモン汁をかけて混ぜる。

3. ふた、または端あけラップをして、電子レンジ600W3分（500W4分）加熱。

4. 取り出して、かたくり粉を加えて混ぜ、牛乳を注いで混ぜる。

5. ふたも端あけラップもしないで、電子レンジ600W2分（500W2分30秒）加熱。最後にブランデーをたらす。

このスープの ポイント

ハンガリーの風邪予防のスープです。良質なたんぱく質の牛乳にビタミンC豊富なレモンとりんごをすりこんで。りんごのペクチンとかたくり粉が生み出すとろみで体中をあたためます。

果物
豆
乳製品

1人分
94kcal
塩分0.0g

ゼラチンは腰痛予防の妙薬
オレンジのゼリースープ

材料 ▶ 1人分

ゼラチン（粉）
　　　　　　　1パック（4g）
水　　　　　　　　大さじ2
オレンジジュース（100%）
　　　　　　　　　200ml

作り方

1. 耐熱ガラスのミニボウルに水を入れ、ゼラチンをふり入れ、5分おく。

2. ふたもラップもしないで、電子レンジ600W20秒（500W30秒）加熱して溶かす。

3. グラスにオレンジジュースを注ぎ、溶かしたゼラチンを加えて混ぜる。

このスープのポイント

お肌に、椎間板に、ハリをつけてくれるコラーゲン。その一等強い味方が完全に消化吸収できる形まで精製されたゼラチン。

果物
豆
乳製品

足腰きたえる前に、骨作りはスープから

ギリシア風ふわふわチーズスープ

1人分
140kcal
塩分1.3g

材料 ▶ 1人分

- 水 ……………… 150ml
- スープの素（顆粒）
  ……………… 小さじ1/4
- かたくり粉 …… 小さじ1/2
- 水 ……………… 小さじ1
- 自然塩、こしょう 各少々
- 卵 ……………… 1個
- 粉チーズ ……… 大さじ2

作り方

1. 茶碗に卵を割りほぐし、粉チーズを加えて混ぜる。

2. 耐熱ガラスのポットに水を注ぎ、スープの素と塩、こしょうを加える。

3. ふた、または端あけラップをして、電子レンジ600W2分（500W2分30秒）加熱。

4. 煮たってきたら取り出して、水溶きかたくり粉を加え、とろみをつける。

5. ❶を加え、ふた、または端あけラップをして、電子レンジ600W50秒（500W1分）加熱。

このスープの🥄ポイント

おなじみのかきたま汁に粉チーズをプラス。不思議なまろやかさのただよう一品。これで骨の材料は食べました。後はきのこやじゃこでビタミンDを補って。

果物
豆
乳製品

1人分 86kcal 塩分1.6g

便秘解消する大豆の繊維パワー

納豆とわかめのみそ汁

材料 ▶ 1人分

乾燥カットわかめ …… 小1/2パック(2.5g)
納豆 …… 小1パック(30g)
水 …… 170ml
昆布(3×3cmのもの) …… 1枚
削りかつお …… 小1/2パック(1.5g)
みそ …… 小さじ2

作り方

1. 乾燥カットわかめはミニボウルなどに入れ、水を加えて2分間つけて戻す。水を注いでゆすぎ、キュッと絞って水けをきる。

2. 耐熱ガラスのポットに水を注ぎ、昆布と削りかつおを加える。

3. ふた、または端あけラップをして、電子レンジ600W2分(500W2分30秒)加熱。

4. 取り出して、茶こしでこし、再びポットに戻す。

5. みそを溶き、納豆を加える。ふた、または端あけラップをして、電子レンジ600W50秒(500W1分)加熱。取り出して、わかめを加える。

このスープのポイント

消化しやすい大豆といえば、納豆。食物繊維、植物ステロール豊富で毎日のお通じを整えるには効果大。また、大豆に多く含まれるイソフラボンは、女性ホルモンに似た機能をもつ若がえりの栄養素です。

果物
豆
乳製品

1人分
172kcal
塩分0.7g

豆乳と酢酸で腸を快調に

酸辣湯（スァンラァタン）

材料 ▶ 1人分

- 豆乳 …………… 150ml
- トマト …… 小1個（100g）
  （6等分し、へたを除く。それぞれを2つに切る）
- 豆板醤 ……… 小さじ1/2
- 酢 ……………… 大さじ1
- 卵 ………………… 1個
- 香菜または万能ねぎ … 1本
  （3cm長さに切る）

作り方

① 耐熱ガラスのポットに豆乳と豆板醤を入れて混ぜ、トマトを加える。

② ふた、または端あけラップをして、電子レンジ600W3分（500W4分）加熱。

③ 取り出して、卵を溶きほぐし、加えて混ぜる。

④ ふた、または端あけラップをして、電子レンジ600W50秒（500W1分）加熱。

⑤ 取り出して、酢を加えて混ぜ、香菜を散らす。

このスープのポイント

腸内の善玉菌、ビフィズス菌は、中年以降になると急減するとか。こうなると外から補ってあげるしかありません。豆乳はビフィズス菌を増殖させる素材。酢に含まれる酢酸は豆乳の消化、分解、吸収のお手伝いを。

果物
豆
乳製品

1人分
331 kcal
塩分 0.2g

まつげを黒々、チャーミングな目もと
黒ごま小豆汁

材料 ▶ 1人分

蒸し小豆(缶) ……… 70g
ねりごま(黒) ……… 大さじ2
はちみつ ……… 大さじ2
水 ……… 150ml
自然塩 ……… ほんの少々

作り方

1. 耐熱ガラスのポットに蒸し小豆、ねりごま、はちみつを入れて混ぜる。
2. 水を注いで溶きのばし、塩を加える。
3. ふた、または端あけラップをして、電子レンジ600W4分(500W5分)加熱。

このスープのポイント

薬効の専売局のようなごまは、何といってもビタミンB群が豊富。脳の機能を抜群に高めます。黒ごまのアントシアニンはまつげの色素のもとになります。

果物
豆
乳製品

村上祥子（むらかみさちこ）

福岡県生まれ。福岡女子大学家政学科卒業。管理栄養士。東京と福岡にクッキングスタジオを主宰し、テレビ出演、出版、講演、商品開発、母校の大学の講師と幅広く活躍。自称"空飛ぶ料理研究家"。豊富なレシピとシンプルで手早い調理法には定評がある。
著書に『村上祥子の電子レンジらくらくクッキング』『村上祥子のらくらく冷凍・解凍クッキング』『村上祥子のおうちでらくらく40分で焼きたてパン』『村上祥子の電子レンジでらくらくパン作り』(いずれもブックマン社)などがある。

「空飛ぶ料理研究家・村上祥子のホームページ」
JAPAN： http://www.murakami-s.com/
U.S.A： http://www.sachikocooking.com/

(株)ムラカミアソシエーツ
柿崎朋子
児玉貴子
川原淳子
古城佳代子
田村知香

撮影／松本祥孝
スタイリング／千葉美枝子
デザイン／鈴木悦子（POOL GRAPHICS）
DTP制作／松田祐加子（POOL GRAPHICS）

村上祥子のらくらくシリーズ
村上祥子の電子レンジでらくらく栄養スープ

2003年6月20日初版第1刷発行

著者：村上祥子
発行者：木谷仁哉
発行所：株式会社ブックマン社
〒101-0065東京都千代田区西神田3-3-5
営業部・電話03-3263-3321
編集部・電話03-3237-7784
http://www.bookman.co.jp/
印刷所：図書印刷株式会社

ISBN4-89308-529-8
Printed in Japan
定価はカバーに表示してあります。
乱丁、落丁本はお取り替え致します。
許可なく複製・転載及び部分的にもコピーすることを禁じます。
©Sachiko Murakami 2003．